新しい子どもの歌2020

全日本児童音楽協会 編

ハンナ

発刊にあたって

全日本児童音楽協会
会長　塚本一実

子どもたちが「うみ」「チューリップ」「ぞうさん」など、数多くの素晴らしい童謡と共に時間を過ごすことは、人が創った澄んだ美しい時間に過ごすという事です。このような時間は、心洗われる多くの思い出を私たちに授けてくれます。本曲集はそういった子どもたちの時間に焦点を当て、現代社会に新たな問いかけを致します。全日本児童音楽協会の会員が作った16曲の力作が掲載されています。

「夏の思い出」「荒城の月」「この道」などの曲へと子どもたちは続いていくでしょう。子どもたちの輝く未来と大いなる成長を願っています。子どもたちが新しい音楽から得る力は、昨今のプログラミング教育に必ず反映されることでしょう。

本曲集がコンサートや学校、家庭などの1シーンでお役に立てることを夢見ています。

青空と白い雲の下で
2020年 春

目　次

※カッコ内は歌詞掲載ページを示す。

今日のお風呂

小泉明子 作詞
藤元薫子 作曲

Allegro
f
mf con moto
きょ ー ーう の おふろ は わ き す
が ー まん で おふろ に す わっ ー
mf con moto
ぎ だ アッ チ アッチ アッ チ チ ー アッ チ アッ チ
た よ アッ チ アッチ アッ チ チ ー アッ チ アッ チ

f
アッ チ チー な ん の こ ー れし き へ い き
アッ チ チー おと う と ゆ ー らす な う ご か
agitato
だ い か た ま で つ ー かる ぞ か た ま で
す な と がっ ー た あ ー つい ゆ と がっ ー た
p dolce
つ かる ぞ ソ ロ ソ ロ ソ
あ つい ゆ ジ ン ジ ン ジ
mp
1.
ロ ソ ロ ソ ロ ソ ロ
ン ジ ン ジ ン ジ

今日のお風呂

小泉明子

今日のお風呂は
わきすぎだ
アッチ　アッチ　アッチッチ
なんのこれしき
へいきだい
肩までつかるぞ
ソロ　ソロ　ソロ　ソーロ

がまんでお風呂に
すわったよ
アッチ　アッチ　アッチ　アッチッチ
おとうと　ゆらすな
動かすな
とがった　あつい湯
ジン　ジン　ジーン

あめあめふれふれ

平川文夫 作詞
中山まり 作曲

ぽろ ーん
ぽろん
ぽろ ーん
ぽろん
Ped.
Ped.
ぽろんぽろん
ぽろんぽろん
Ped.
Ped.
ぽろん
ぽろん
3/4
Ped.
Ped.
3/4
ぽ ろ
ぽ ろ
ぽ ろ
p
Ped.
Ped.
Ped.
Ped.
Ped.

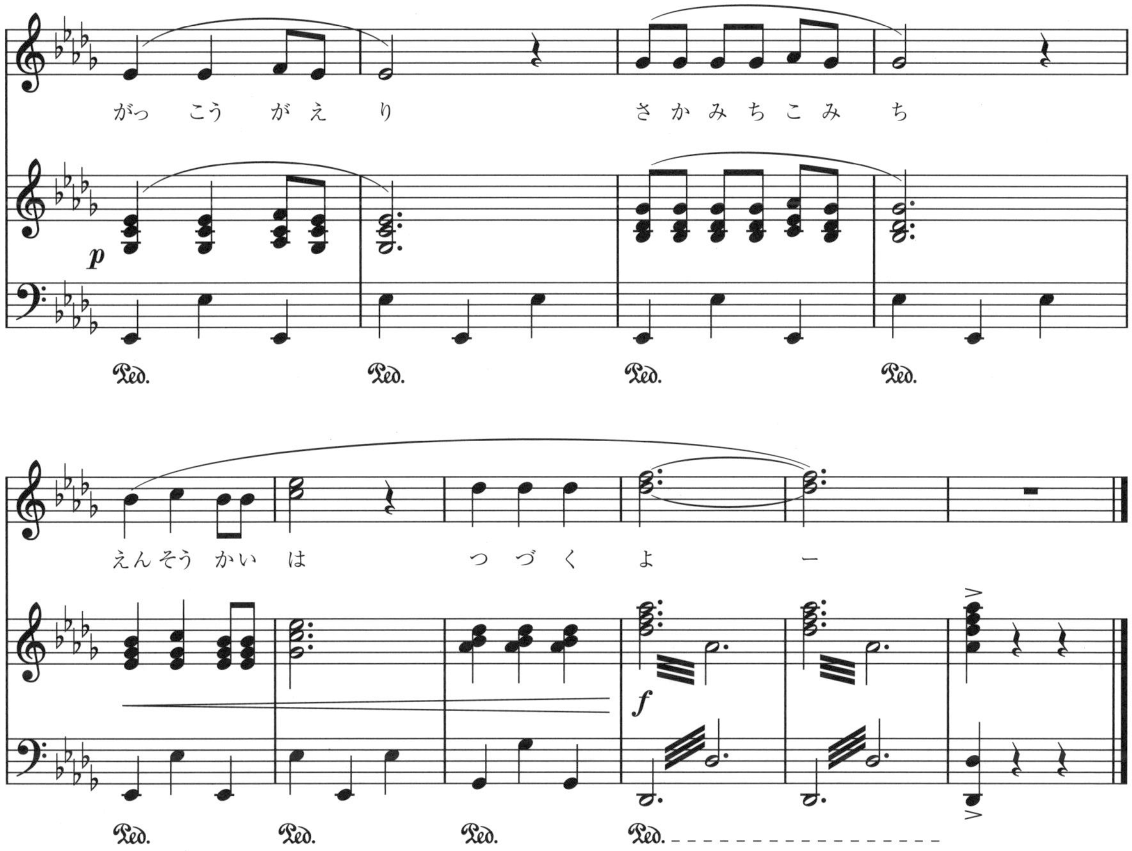

あめあめふれふれ

平川文夫

わたしのかさは
ビニールかさは
えんそうかいに
なるよ

ぽろーん　ぽろん
ぽろん
ぽろ　ぽろぽろ

がっこうがえり
さかみちこみち
えんそうかいは
つづくよ

まだ寒い

小泉明子 作詞
北澤秀夫 作曲

1. かだんの すみに きゅうこんが
2. いっしょに ねてた きゅうこんが
1. かだんの すみに きゅうこんが ラララ ラ
2. いっしょに ねてた きゅうこんが ラララ ラ
ちいさい ちいさい めをだした
あわてて つぎつぎ めをだした
ちいさい ちいさい めをだした ラララ
あわてて つぎつぎ めをだした ラララ
ララ ララ ララ ララ ララ ララ ラララ
ララ ララ ララ ララ ララ ララ ラララ
はるーが どこまで きてるのか
みどりの おにわに よせあって

1.
ちょっ と の ぞ い て み た ん だ ね
ラ ラ ラ の ぞ い て み た ん だ ね
2.
せ の び で は る を さ が し て る ヘイ！
せ の び で は る を さ が し て る ヘイ！

まだ寒い

小泉明子

花壇のすみに　球根が
小さい　小さい　芽を出した
春がどこまで　来てるのか
ちょっと　のぞいて
見たんだね

いっしょに寝てた　球根が
あわてて　つぎつぎ　芽を出した
緑のおにわに　寄せ合って
背のびで　春を
さがしてる　ヘイ！

あくびがリレー

藤岡きみこ 作詞
宮嶋固建 作曲

♩=80くらい
たのしく
カ バさん が あ く び し た
ア リさん が あ く び し た
お お き な お お き な あ く び し た
ち い さ な ち い さ な あ く び し た
つ ら れて と な り の キ リ ン さ ん あ あ あ あ
つ ら れて お い け の き ん ぎょ さ ん ぽちょ んぽちょ ん

あ く び し た お か し い な
あ く び し た お か し い な

あくびがリレー

藤岡きみこ

カバさんがあくびした
大きな大きなあくびした
つられて
となりのキリンさん
あああ　あくびした
おかしいな

アリさんがあくびした
小さな小さなあくびした
つられて
お池の金魚さん
ぽちょんぽちょんあくびした
おかしいな

みのむし

藤岡きみこ 作詞
宝積侑子 作曲

ゆ ら りん こ か げ で こ か げ で ゆ れ
ゆ ら りん ゆ り か ご ゆ り か ご ゆ れ
ゆ ら りん ゆ め み て ゆ め み て ゆ ら
ゆ ら りん こ か げ で ゆ れ
ゆ ら りん ゆ り か ご ゆ れ
ゆ ら りん ゆ め み て ゆ ら
f espr.
る こ ー か げ で ゆ れ
る ゆ ー り か ご ゆ れ
りん ゆ ー め み て ゆ ら
f espr.
る こ か げ ー こ か げ で ゆ れ
る ゆ り か ご ゆ り か ご ゆ れ
りん ゆ め み て ゆ め み て ゆ ら
f espr.
る こ ー か げ で ゆ れ
る ゆ ー り か ご ゆ れ
りん ゆ ー め み て ゆ ら
る ゆ れ る こ か げ ー こ か げ で ゆ れ
る ゆ れ る ゆ り か ご ゆ り か ご ゆ れ
りん ゆ ら りん ゆ め み て ゆ め み て ゆ ら

mp
dolce
る かぜさんー そーっと そっと
る ことりがー ピピピー ピピーピ
りん おほしさま おそー らーで
mp
dolce
る かぜさんー かぜさんー そっと そっと
る ことりがー ことりがー ピピ ピピーピ
りん おほしさま おほしさま おそ らーで
mp
dolce
1.2.
ゆす って いー くよ
うた って ゆー する
にこ にこ みー て
ゆす って いー くよ
うた って ゆー する
にこ にこ みー て
3.
る
る

みのむし

藤岡きみこ

みのむしゆらりん
木かげでゆれる
風さん
そっとゆすって
いくよ

みのむしゆらりん
ゆりかごゆれる
小鳥が
ピピピピピピ
うたってゆする

みのむしゆらりん
夢みてゆらりん
お星さま
お空でにこにこ
みてる

サンゴが歌う　白い砂浜

黒田勳子 作詞
岩下周二 作曲

Andantino tranquillo (♩.≒66)
p
mp
Ped.
Ped.
Ped.
Ped.
p
Ped.
Ped.
Ped.
simile
unis.
p
1. あ た た か い み　な み の し ま の　ほ し ず な の
2. あ た た か い み　な み の し ま の　じゅ う じ か の
す な は ま
サ ン ゴ の し ろ い　す な は ま ー　ー　ー
Ped.

★〔 〕内の音は、演奏困難な場合は省略してもよい。

かがやき　ほしが　またたき
まいとび　とりが　うたーい
たいようが　かがやきほしが　またたき　ますよう
ちょうーが　まいとびとりが　うたーい
にーー　ますように　ーー
サンゴがうたう　しろい　すなはま
み

サンゴが歌う　白い砂浜

黒田勲子

あたたかい　みなみの島の
星砂の砂浜
サンゴの白い砂浜
いつか
サンゴの願いは
星の砂になりました
明日も
宇宙《そら》が　広がり
太陽が　輝き
星が　またたきますように

あたたかい　みなみの島の
十字架の砂浜
サンゴの白い砂浜
いつか
サンゴの祈りは
十字架の砂になりました
未来も
地球に　花が咲き
蝶が　舞い飛び
鳥が歌いますように

サンゴが歌う白い砂浜
未来への歌声　響く
白い砂浜

フリージァ

平川文夫 作詞
藤脇千洋 作曲

Andante（やさしい感じで）
mp
1. いいにおい
2. おもいだす
3. いいかぜだ
※ 3番は3連符
to
あのこのかみを なびかーせたー きいろいいろの フリージァ
あのことあるいてる ははおーやもー おがわのほとり フリージァ
あのこのすまぬ いえのーあとー わずかにゆれてる フリージァ
3
ー
ー
8va
8va
8va bassa

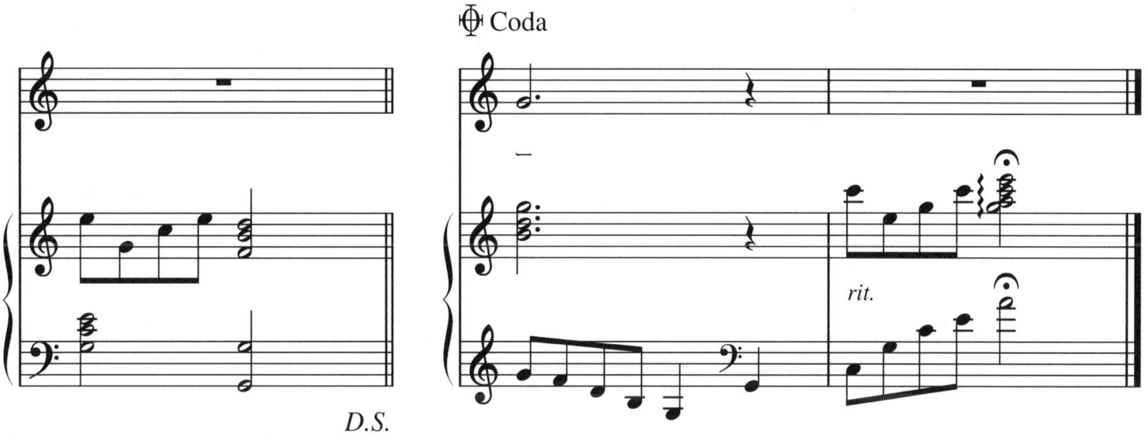

フリージア

平川文夫

いいにおい
あの子の髪を
なびかせた
きいろいいろの
フリージア

おもいだす
あの子と歩いてる
母親も
小川のほとり
フリージア

いい風だ
あの子の住まぬ
家のあと
わずかにゆれてる
フリージア

たんぽぽのわた毛

藤岡きみこ 作詞
藤元薫子 作曲

Largo (𝅗𝅥.=40)
mf espr.
dim.
mp dolce
1. た ん ぽ ぽ ぽ ぽ
2. た ん ぽ ぽ ぽ ぽ
mp dolce
わ た 毛 の お は な ー
か ぜ に ふ か れ て ー

ならんだ　ならんだ
まいあがる　まいあがる
おおきなわた毛
おゆうやけのそらに
ちいさなわた毛
ふわふわふんわ
かわいいなぁ
きれいだ

たんぽぽのわた毛

藤岡きみこ

たんぽぽぽ
わた毛のお花
ならんだ
ならんだ
おおきなわた毛
ちいさいわた毛
かわいいなあ

たんぽぽぽ
風に吹かれて
まいあがる
まいあがる
夕焼けの空に
ふわふわふんわ
きれいだなあ

マッターホルン雲の上

こいずみきみこ 作詞
西脇久夫 補作
島田克也 作曲

3
3
5
1. せかいのやまへと つづくみち きりたつ がけみち ほそいみち
2. あおぞらりょうてに くものうえ ふわり わたぐも まきついて
3. ちきゅうのてっぺん のぼりつめ いっきに とびこむ あおいそら
ひだりイタリア みぎスイス せかいの やねを
りょうせんとおーく みえがくれ そらまで つづく
おもわずあがーる だいかんせい マッター ホルン

1.
さ あ い こ う
ほ そ い み
ちょ う じょ う
2.
ち

マッターホルン雲の上

こいずみきみこ　作詞
西脇久夫　補作

世界の　山へと　つづく　みち
きり　立つ　がけ道　ほそい　道
左　イタリア　　右スイス
世界の　屋根を
さあ　行こう

青空　両手に　　雲の上
ふわり　わた雲　まきついて
りょう線　遠く　見え　がくれ
空まで　つづく　ほそい　道

地球の　てっぺん　のぼり　つめ
一気に　とびこむ　青い空
思わず　あがる
マッター　ホルン　頂上　だ

金木犀

小泉喜美子 作詞
西脇久夫 補作
新藤理恵 作曲

♩=76
mp
mf
mp
ぽっ ち り ぽ つ り きん も く せい きん い ろ も ー よ う つ く り ま す
ぽっ ち り ぽ つ り きん も く せい さ ー む い よ る に も か お り ま す
ぽっ ち り ぽ つ り きん も く せい お も い で こ み ち に さ き ま し た
mp
mf
to Φ
ち い さ な は な ー の お も い で が こ こ ろ ゆ た ー か に
ほ し ぞ ら み あ ー げ お も い だ す か あ さ ん の ー て の
は ー な の か お り が か あ さ ん の や さ し い ほ ほ え み
mf

1.
2.
Coda
かおります
ぬくもりを
おもわせる
D.C. al Coda
mp
rit.

金木犀

小泉喜美子 作詞
西脇久夫 補作

ぽっちりぽつり　金木犀
金色もよう　つくります
小さな花の　思い出が
心ゆたかに　香ります

ぽっちりぽつり　金木犀
寒い夜にも　香ります
星空見上げ　思い出す
母さんの手の　ぬくもりを

ぽっちりぽつり　金木犀
思い出小道に　咲きました
花の香りが　母さんの
優しいほほえみ　思わせる

さよなら秋

小泉明子 作詞
柳井和郎 作曲

f
は だ か ん ぼ ー さ よ な ら
き こ え な い ー さ よ な ら
ま ー ー た ー ね ー あ
ま ー ー た ー ね ー あ
き ー
き ー

さよなら秋

小泉明子

さよなら　言いに　来たのかな
お部屋に枯れ葉　まいこんだ
窓辺の紅葉は　はだかんぼ
さよなら　またね
秋

どこかで　チチッと　虫の声
冷たい風に　きえてった
もう　それっきり　聞こえない
さよなら　またね
秋

歌がうまいねあの子

平川文夫

安芸は七浦　長浜に
下る細道　七曲り　七曲りょ

ぼくは　なんども　リコーダー
吹いても出ない　いい音が

パセリ摘み取る　細い指
なびくよ髪が　春の風

その子の横顔　そっと見る
なんにも言えない　ぼくなんだ

波が光ったよ　瀬戸の海
聞こえてきたよ　海鳴りが

歌がうまいねあの子

平川文夫 作詞
宮嶋固建 作曲

♪=92くらい
mf
mf
mf
あ き は な ー な う ら な
セ リ つ ー み と る ほ
が ー は ー ま に ー く だ る ほ ー そ
そ ー い ー ゆ び ー な び く よ ー か
み ち な な ー ー ま ー が り ー な
み が は る ー ー の ー か ぜ ー は

f
なーーまーがりょ
るーーのーかぜ
f
mp
ぼくはーなんども
そのこのよこがお
rit.
a tempo
mp
mf
リコーダー
そっとみる
ふいてもでーな
なんにもいえな
mf
いい
いい
mp
いいおとが
ぼくなんだ
mp

1.
2.
mf
パ
な
み が ひかっ た よ ー せ と の う み ー き
f
こ え て ー き た よ う み ー ー な ー り
が
rit.

あじさいの花

田沢節子 作詞
北澤秀夫 作曲

1. し と し と し と し と あ め し ず く
2. ぱ ら ぱ ら ぱ ら ぱ ら あ め の な か
く ら ー い く も の そ ら の し た
お も ー い く も の う し ろ に は
速く

あじさいのはなーが さいーている
でばんをーまってーる にじーがいる
どのはなよりも いろあざやかに
あじさいのはなは だいちにおりた
うれしそうに りんりんと
にじのおびよ りんりんと
さいているよー

海は、ゆっくり深呼吸

小泉喜美子 作詞
西脇久夫 補作
上田ますみ 作曲

♩=92 楽しくスウィングして
8va
3
3
8vb
1. 𝄾 う み はゆっ く り ー しんこ きゅ う
2. ゆ っ く りおお き く ー しんこ きゅ う
3. さ か な もゆっ く り ー しんこ きゅ う
1. 𝄾 う み はゆっ く り (ゆっ く りー) しんこ きゅ (ゆっ く りゆっ く り)
2. ゆ っ く りおお き く (おお き くー) しんこ きゅ (おお き くおお き く)
3. さ か な もゆっ く り (ゆっ く りー) しんこ きゅ (ゆっ く りゆっ く り)
8vb
8vb
8vb
よ せ く る な ー み でー お よ ご う よ さ
りょ う て ひ ろ ー げ てー な み に の り
な か よ く お ー よ ごー ど こ ま で も す
よ せ く る な ー み でー Uh (ボ ボンボン) さ
りょ う て ひ ろ ー げ てー Uh (ボ ボンボンボン)
な か よ く お ー よ ごー Uh (ボ ボンボン) す
8vb

か な も ま ね ー し て ー す ー ー い すい
そ ら を み よ う ー よ ー は て し な い
い へ い せ ん ー ま で ー ゆ き た い な
8vb
1.2.
な ー み に ー ゆ ら れ て ー お よ い で る
せ お よ ぎ ー じょ う ず に ー な り ま し た
う ー み は ー お お き な ー ゆ り か ご
8vb
8vb
3.
ね ど こ ま で も ゆ き
8vb
た い な
rit.
8va
8vb

あじさいの花

田沢節子

一、しとしと　しとしと　雨しずく
くらい雲の　空の下
あじさいの花が　さいている
どの花よりも　色あざやかに
うれしそうに
りんりんと　さいているよ

二、ぱらぱら　ぱらぱら　雨の中
おもい雲の　うしろには
出番をまってる　虹がいる
あじさいの花は　大地におりた
虹のおびよ
りんりんと　さいているよ

海は、ゆっくり深呼吸

小泉喜美子　作詞
西脇久夫　補作

海は　ゆっくり　深呼吸
寄せくる　波で　およごうよ
魚も　まねして　すーいすい
波に　ゆられて　泳いでる

ゆっくり　大きく　深呼吸
両手　ひろげて　波に　のり
空を　見ようよ　はてしない
背泳ぎ　上手に　なりました

魚も　ゆっくり　深呼吸
仲良く　泳ご　どこまでも
水平線　まで　行きたいな
海は　大きな　ゆりかごね

９がつのおくりもの♪

下司愉宇起

一、つたえたい！　つたえたい！
９がつのたいせつな日に　つたえたい！
いつまでもゲンキでいてねって
つたえたい！

にがおえに
このうたそえて

〜ららら

９がつのたいせつな日は　つたえよう！
これからもだいすきだって
つたえよう！

二、とどけたい！　とどけたい！
９がつのたいせつな日に　とどけたい！
いつまでもエガオでいてねって
とどけたい！

おてがみに
このうたそえて

〜ららら

９がつのたいせつな日は　とどけよう！
これからもよろしくねって
とどけよう！

おおきなこえで
「ありがとう！」
ちいさなこえで
「おもちゃかって！」

わたしは　けしゴム

藤本美智子

わたしは　けしゴム
しかくい　けしゴム
こまかくなって
パッ　パラ　パッと
つくえのしたへ　すてられる

わたしは　けしゴム
やっぱり　けしゴム
けすことばかり
うまれかわり
たのしいまんが　かきたいな

わたしは　けしゴム
それでも　けしゴム
きれいなノート
まもるために
こころをこめて　がんばるよ

9がつのおくりもの♪

下司愉宇起 作詞
塚本一実 作曲

♩=120
mf
1. つたえた い! つーたえた
2. とどけた い! とーどけた
simile
い! くがつ の たいせつなひに つ たえ た
い! くがつ の たいせつなひに と どけ た
い! いつまでも ゲーーンキで いてねっ て つーたえた
い! いつまでも エガーオで いてねっ て とーどけた
p
sf
い! にがおえに こーのうたそえて ラララララララ
い! おてがみに こーのうたそえて ラララララララ

cresc.
f
ララララ　くがつの　たいせつなひは　つたえよ
ララララ　くがつの　たいせつなひは　とどけよ
cresc.
Ped.
cresc.
ff
う！　これからもだいすきだって　つたえよ
う！　これからもよろしくねって　とどけよ
f
cresc.
ff
Ped.
1.
2.
ff
rubato 元気よく！
う！　う！　おおきなこえで　ありがとう！
Ped.
meno mosso
pp
molto rit.
3
a tempo
ちいさなこえで　おもちゃかって！
pp
ff
sf
8va bassa

わたしはけしゴム

藤本美智子 作詞
藤元薫子 作曲

Vivace
f
p
mp con brio
わ ー た し は け し ゴ ム ー ー
わ ー た し は け し ゴ ム ー ー
わ ー た し は け し ゴ ム ー ー
mp leggero
し ー か く い け し ゴ ム ー ー
や ー っ ぱ り け し ゴ ム ー ー
そ ー れ で も け し ゴ ム ー ー

こ ま か く な っ て ー パッ パ ラ パ ッ と ー ー
け す こ と ば か り ー う ま れ か わ り ー ー
き れ い な ノ ー ト ー ま も る た め に ー
f
1.2.
mp
つ く え ー の し た へ ー す ー て ら れ る
た の し ー い ま ん が ー か ー き た い な
こ こ ろ ー を こ め て ー が ー ん ば る
3.
よ
dim.

今日のお風呂 (p.4)

１日の終わりに入るお風呂はその日のピリオドみたいです。やっと終わったという安堵感もあります。（小泉明子）

熱いお風呂に入った時のことを思い出してアクセント（＞）のある音や、スタッカートの部分（𝄾·𝅘𝅥𝅯♩̇）を楽しく歌ってください。（藤元薫子）

あめあめふれふれ (p.7)

雨がふってきた　ぽろんぽろん　ティンパニ　ピアノ　フルート・・・かさの中からきこえてくるよ楽しいな！！（中山まり）

まだ寒い (p.10)

人間は「寒い」と肩をすくめていますが、植物は「さぼらず」土の中から芽を出します。元気よく！明るく！（小泉明子）

あくびがリレー (p.12)

この作品は電車の中の風景がヒントになりました。一人があくびをすると隣の人もあくびをする。とても面白いと思いました。（藤岡きみこ）

あかるく　たのしく　うたいましょう（宮嶋固建）

みのむし (p.14)

風にゆれてるみの虫。とっても可愛くて楽しそうに見えました。（藤岡きみこ）

朝、庭を散歩していたら、１匹のみのむしを見つけ、見まわすと２匹、３匹のみのむしが、風にゆれて、まるでたのしく話をしているよう…そんな風景を合唱で表現しました。（宝積侑子）

サンゴが歌う　白い砂浜 (p.18)

日本に大きな地震や津波がやってきて、人の命と自然をうばいました。世界中を「新型コロナウイルス」がおそって、また、人間をこわがらせています。『失くしたものが大切！』『残すのが大切！』未来のむこうまで、美しい地球と美しい人のおもいを伝えられたなら、うれしいです。（黒田勲子）

詞の壮大な世界観から二部合唱に仕立てた。もちろん独唱（上声部のみ）でもよい。動くことのない岸辺に、旅路の果ての砂たち。絶えない波とともに祈り歌う砂浜の、地球の、宇宙の命のように、私たちも絶えず祈り続ける命であることを忘れていないだろうか…。（岩下周二）

フリージァ（p.22）

やさしい風の下に咲く愛らしいフリージアのようにさわやかにやさしく歌ってほしいなぁ～！

（藤脇千洋）

たんぽぽのわた毛（p.24）

風に吹かれて飛んでいくわた毛。空にのぼっていく姿がとってもきれい。どこまでいくのでしょう。

（藤岡きみこ）

Largo（𝅗𝅥.**=40**）一小節をゆったり一拍に感じて歌いましょう。一小節のばす「𝅗𝅥.」はたっぷり歌うと自然にクレッシェンドに歌えます。

（藤元薫子）

マッターホルン雲の上（p.27）

TVでマッターホルンの番組を見て、若い頃に登った南アルプスを思い出し、思わずこの詞を書きました。

（こいずみきみこ）

「山に登る」という経験が豊富な子どもというのも多くはないかと思います。この曲がきっかけで山や登山へ少しでも興味を持って頂けると嬉しく思います。特別に難しい技術はありませんが、ピアノの間奏部分はテンポ通りに淡々と弾くよりは山の雄大さが出るような弾き方をして頂くと良いかと思います。

（島田克也）

金木犀（p.30）

金木犀はいつの時代にも私たちの思い出に寄り添いますね。（小泉喜美子）

やさしい気持ちであたたかく表現してください。（新藤理恵）

さよなら秋（p.32）

秋が過ぎて寒い冬です。気持ちもちょっと縮みがちですが、優しく静かに…しっとりと。（小泉明子）

歌う人とピアニストのもと自由で綺麗に仕上げてほしい。誰でも歌えるように  から  に収めた。

（柳井和郎）

歌がうまいねあの子 (p.35)

広島県(安芸)の宮島(周囲約30km)にある七つの港(七浦)をテーマとした歌です。この歌を通して、宮島のことを知って欲しいですね。 (宮嶋固建)

あじさいの花 (p.38)

梅雨どきは、あざやかに咲きほこるあじさいの花に心が和み、ウキウキしてきます。 (田沢節子)

海は、ゆっくり深呼吸 (p.40)

沖の方でぷかぷかと浮かんでいるところを想像してみてください。海の呼吸に身をゆだねてみましょう。 (小泉喜美子)

果てしなく続く青空のもと、作詞の小泉喜美子先生が描く「ゆっくり大きく深呼吸する海」の風景を軽快にユーモラスに表現してみました。ゆったりスウィングのリズムにのって、お互いの声を楽しみながら合唱してみてください。心がわくわくしてくるかも… さぁみんなで、レッツ・スウィング! (上田ますみ)

9がつのおくりもの♪ (p.44)

今年の"敬老の日"はこの歌でもりあがろう! (下司愉宇起)

おじいちゃん、おばあちゃんに日頃からの感謝の気持ちを伝えよう!言葉では少し恥ずかしいから歌で思いっきり「ありがとう」と伝えよう!! (塚本一実)

わたしはけしゴム (p.46)

けしゴムの気持ちになって歌っていただきたいです。 (藤本美智子)

けしゴムの気持ちになってみたらどんな感じなんでしょう。さぁリズムに乗って元気を出して歌いましょう。 (藤元薫子)

新しい子どもの歌

子どものための楽曲創作を目的として発足し、半世紀を越える歴史を持つ作詞家と作曲家による作家団体である全日本児童音楽協会が編纂した子供の曲集。

新しい子どもの歌 2018

全日本児童音楽協会編

定価：本体 1,600 円＋税
B5 判／ 48 ページ
ISBN：978-4-90712-171-6

新しい子どもの歌 2019

全日本児童音楽協会編

定価：本体 1,600 円＋税
B5 判／ 48 ページ
ISBN：978-4-90712-176-1

全日本児童音楽協会
作詞・作曲会員募集のご案内

本会は、毎年「新しい子どもの歌」曲集の発刊、「新しい子どもの歌コンサート」、「新しい子どものうた作詞コンクール」の開催などを行っています。

音楽の創造を目指す方には、良いチャンスでもあります。

本会に入会を希望される方は、下記までお問い合わせください。

[連絡先] 全日本児童音楽協会　事務局
〒160-0023
東京都新宿区西新宿3-9-28-301　Office.SHIMOJISSIMO内
電話：03-6383-3936　FAX：03-6300-9937
Mail：info@zenjion.jp　HP：http://zenjion.jp

新しい子どもの歌2020

令和2年8月1日第1版第1刷

編・著者　全日本児童音楽協会
東京都新宿区西新宿3-9-28-301
Office.SHIMOJISSIMO内
電話：03-6383-3936

発　　行　株式会社ハンナ
東京都目黒区中目黒3-6-4 中目黒NNビル2F
電話：03-5721-5222

表紙イラスト　三原ユカ
浄書・印刷・製本　株式会社ホッタガクフ

Printed in Japan ISBN978-4-907121-29-7